COMISIÓN

discípulo
3.0

POR JA PÉREZ

Discípulo 3.0: Comisión
© 2013 JA Pérez Association
Todos los derechos reservados en toda imagen y letra. Copyright © 2013 por JA Pérez Association.

Nota de derechos
Todos los derechos reservados. Ninguna parte de este libro puede ser reproducida o transmitida en forma alguna ya sea por medios electrónicos, mecánicos, fotocopiados, grabados o en ninguna otra forma sin el expreso consentimiento escrito de la publicadora.

Nota sobre riesgos
La información contenida en este libro es distribuida "como está" y sin garantías. Ni el autor ni Keen Sight Books se hacen responsables en cuanto a daños causados por interpretaciones individuales privadas del contenido aquí expuesto.

Marcas Registradas
Discípulo 3.0: Comisión es un título publicado y distribuido por Keen Sight Books. Todas las otras marcas mencionadas son propiedad de sus respectivos dueños.
Excepto donde se indique, todos los textos bíblicos han sido extraidos de la versión Reina-Valera 1960. © 1960 Sociedades Bíblicas en América Latina; © renovado 1988 Sociedades Bíblicas Unidas. Reina-Valera 1960™ es una marca registrada de la American Bible Society.

Keen Sight Books

Puede encontrarnos en la red en: www.KeenSightBooks.com
Reportar errores de imprenta a errata@keensightbooks.com

ISBN: 978-0615941417

Printed in the U.S.A.

agradecimientos

A mi Dios, por todo. A mi esposa e hijos, quienes pacientemente me han prestado de su tiempo para escribir.
A Berenice Ortega por su labor en la transcripción y adaptación de lenguaje.
A mi madre por su ayuda en las correcciones al manuscrito.
A Link, nuestro hermoso gato que fielmente me acompaña siempre mientras escribo.

Contenido

Las Bases 7

Instrucciones 11

Antes de Comenzar 13

Concepto de Discípulo 15

1 Un discípulo es alguien que sigue 23

2 Un discípulo de Cristo se sienta a la mesa con pecadores 27

3 Un discípulo sigue instrucciones 31

4 El alimento es primero al discípulo y luego a la multitud 33

5 Los discípulos son buenos en relaciones públicas 37

6 El discípulo tiene información clasificada y confidencial 39

7 No se puede ser un buen discípulo sin sacrificar algo 43

8 Discípulos cuidan a su maestro 45

9 Un discípulo es obediente 47

10 Un discípulo es parte del futuro 49

11 Comunión es un asunto de discípulo 51

12 Un discípulo siempre regresa 53

La Comisión 59

Juntos: En la Jornada 61

Otros libros del autor 75

Juntos: en la Cosecha 84

Para el Mentor

Las Bases

1- Fuimos comisionados para hacer Discípulos.

Por tanto, id, y haced discípulos a todas las naciones, bautizándolos en el nombre del Padre, y del Hijo, y del Espíritu Santo... Mateo 28:19

La palabra discípulo significa "alguien que sigue las enseñanzas de alguien", eso es todo lo que quiere decir.

discípulo, -la
1 Persona que recibe enseñanzas de un maestro.
2 Persona que estudia, sigue y defiende las ideas y opiniones de una escuela o de un maestro, aun cuando pertenezca a una generación muy posterior.

2- El número de personas que tu puedes discipular a la vez y hacerlo bien, es un número limitado.

"Entonces mandó a la gente recostarse sobre la hierba; y tomando los cinco panes y los dos peces, y levantando los ojos al cielo, bendijo, y partió y dio los panes a los discípulos, y los discípulos a la multitud". Mateo 14:19

Él no se los dio a la multitud.
El Señor no les dio los panes a la multitud, el Señor se los dio a sus discípulos y los discípulos a la multitud.
¿Te imaginas al Señor solo, dando los panes a la multitud entera?
No se puede.

El Señor no pastoreó a la iglesia completa ni pastoreó a la multitud, él pastoreó a doce y esos doce se encargaron de llevar el Evangelio al resto del mundo y ocuparon ayuda.

De esta misma manera, tu puedes discipular a unos pocos, y ellos, cuando estén listos, discipularán cada uno a sus pocos.

¿Cuantos son pocos?

El número a quienes tu puedes cuidar y hacerlo de una manera personal y con calidad.

3- El modelo de 3.

Este no es el único modelo de evangelismo que existe. Tampoco podemos decir que es "la manera" oficial o la única que apoya la Biblia.

Luis Palau (mi mentor) siempre dice: "El mensaje es sagrado, pero los modelos no".

Entonces, ¿que tiene de especial este modelo de discipulado?

Conforme a la experiencia en más de treinta años de evangelismo, nos hemos dado cuenta que la manera tradicional de "un pastor y una congregación" limita grandemente el crecimiento, y esto se debe a que "un pastor" es una sola persona, y no puede darle atención de calidad a cien o doscientas personas.

Por ejemplo, nosotros aconsejamos que usted llame por teléfono a quienes usted mentorea por lo menos dos o tres veces por semana. Esto es para orar y estar al tanto de sus necesidades, y a la vez mantener la comunión.

Imagínese un pastor que tiene una iglesia de cien miembros. Si fuera a darles este cuidado, tomaría de 200 a 300 llamadas telefónicas por semana, él solo. Esto sin tomar en cuenta el tiempo que necesita para visitar enfermos, preparar estudios, orar, e invertir tiempo de calidad con su esposa y familia.

Evidentemente, esto no es posible. El pastor sufrirá de agotamiento, y la calidad de atención a estos cien no será la misma.

Cordón de tres

Y si alguno prevaleciere contra uno, dos le resistirán; y cordón de tres dobleces no se rompe pronto. Eclesiastés 4:12

Seis días después, Jesús tomó a Pedro, a Jacobo y a Juan su hermano, y los llevó aparte a un monte alto; y se transfiguró delante de ellos, y resplandeció su rostro como el sol, y sus vestidos se hicieron blancos como la luz. Mateo 17:1-2

En el ministerio hemos desarrollado en "Cordón de Tres" con la promesa que "no se rompe pronto". Ya vimos que el Señor, aunque tenía doce discípulos, tenía un círculo cerrado de tres. Con estos tres, pudo compartir tal intimidad, que ellos lo vieron transfigurarse (verlo tal como él es).

Partiendo de ahí es que hemos implementado el discipulado a tres personas.
Este número nos da una idea de verdaderamente la cantidad de personas a quien tu puedes dar cuidado y una atención personal. Establece el tamaño de tu grupo.

Nota: Este número es un modelo, una forma de partida. No deseamos ser legalistas o estrictos religiosos acerca de este número. Si tu te sientes cómodo(a) y puedes discipular cuidando y dando atención personalizada a cuatro personas, adelante.

Para el Mentor

Instrucciones

Sobre el material y cómo entregarlo:

1- Discípulo 3.0 Transformación para ser enseñado durante 12 semanas

Cuidado Personal:

Llame a las personas que usted está discipulando dos o tres veces por semana.

1.1- Para ver como está.

1.2- Si tiene una necesidad por la cual orar.

1.3- Para recordarle sobre el próximo estudio.

2- Discípulo 3.0 Comisión (este que usted tiene en sus manos) para ser entegado en la semana #13

Graduación

Cuando sus discípulos han completado **Discípulo 3.0 Transformación** y usted les ha comisionado y entregado **Discípulo 3.0 Comisión** usted puede programar una noche para graduación. Esto puede ser una fiestecita o cafecito en casa donde invite amigos, compañeros de trabajo, parientes, etc… Esta es también una buena oportunidad para invitarles a una plática y luego presentarles la oportunidad de tomar ellos el estudio.

La Relación

Mientras usted discípula a sus discípulos un día por semana, usted continuará reuniéndose con su mentor también un día por semana.

- Su mentor le entregará continuos estudios para continuar creciendo en la Fe.
- Entonces todos tenemos un total de dos reuniones semanales. Una para dar, otra para recibir.

Otras reuniones de compañerismo:

Celebración: Una vez al mes para adorar y recibir palabra todos juntos.

Seminarios:
    Familia y Vida si son adultos.
    Fiesta Juvenil si son jóvenes.

Todos además están invitados a la Reunión del Domingo.

Para el Mentor

Antes de comenzar este estudio y en la primera semana, asegúrese de que sus estudiantes han ya confesado a Jesús como Señor y Salvador de sus vidas.

Si esto no ha sucedido todavía, tómese el tiempo de presentarles el plan de salvación. Use la guía a la derecha.

Antes de Comenzar

Jesús vino a darnos vida eterna.
Toda la Biblia gira alrededor de un mensaje, y este es un mensaje de reconciliación.

> *...que Dios estaba en Cristo reconciliando consigo al mundo, no tomándoles en cuenta a los hombres sus pecados... 2 Corintios 5:19*

Dios busca reconciliar al ser humano con él.

¿Cómo sucede esto?

1- Todos hemos pecado y necesitamos salvación.

> *Como está escrito: No hay justo, ni aun uno; No hay quien entienda, No hay quien busque a Dios. Todos se desviaron, a una se hicieron inútiles; No hay quien haga lo bueno, no hay ni siquiera uno. Romanos 3:10-12*

2- El pecado nos separa de Dios eternamente.

> *Porque la paga del pecado es muerte, mas la dádiva de Dios es vida eterna en Cristo Jesús Señor nuestro. Romanos 6:23*

3- Jesús murió para reconciliarnos con el Padre.

Porque de tal manera amó Dios al mundo, que ha dado a su Hijo unigénito, para que todo aquel que en él cree, no se pierda, mas tenga vida eterna. Juan 3:16

4- Cuando venimos a él, el nos recibe.

Todo lo que el Padre me da, vendrá a mí; y al que a mí viene, no le echo fuera. Juan 6:37

¿Cómo venimos a él?

que si confesares con tu boca que Jesús es el Señor, y creyeres en tu corazón que Dios le levantó de los muertos, serás salvo… Romanos 10:9

¿Listo para venir a Cristo?
Haz esta oración conmigo en voz alta.

Padre celestial, en esta hora yo reconozco que soy pecador(a) y necesito salvación. Yo creo que Jesucristo es Señor y que tu Padre le levantaste de los muertos para darme vida eterna. En este momento yo recibo ese don de la Salvación. Gracias Señor por venir a habitar en mi corazón. En el nombre de Jesús. Amén.

Si usted ha hecho esta oración, esté seguro que el Señor le ha escuchado y le ha recibido como un hijo (o una hija) suyo(a).

Yo le insto a que se ponga en contacto con nosotros para apoyarle en sus primeros pasos para crecer en la fe.

japerez.org/discipulo

Concepto de Discípulo

El concepto de discípulo está muy cerrado en nuestros círculos.
Nosotros tenemos el concepto de que un discípulo es alguien que va a un programa o a un entrenamiento de discipulado.
Un discípulo es ciertamente alguien que es *"discípulo de Cristo"*, claro y eso es lo más importante y lo principal, pero el concepto de discípulo no lo inventó Jesús.

El concepto de discípulo es muy antiguo, Jesús lo trajo a una nueva luz, de tal manera que en este momento tú no puedes pensar en la palabra discípulo sin relacionarlo con Jesús.

Así pues podemos afirmar que el concepto de discípulo es muy antiguo con estos ejemplos: Eliseo tenía discípulos. Los hijos de los profetas eran discípulos de Eliseo. Ellos le decían a Eliseo *"padre"* porque había una paternidad espiritual, dicho sea de paso, en el discipulado hay paternidad espiritual.

Pablo dice:

> *Por esto mismo os he enviado a Timoteo, que es mi hijo amado y fiel en el Señor, el cual os recordará mi proceder en Cristo, de la manera que enseño en todas partes y en todas las iglesias. 1 Cor 4:17*

Si tu revisas la civilización griega, Platón, Sócrates, los filósofos tenían discípulos. En Estados Unidos se les llama *"aprendiz"* a alguien que aprende de un maestro, de hecho los oficios antiguos se aprendían así. Tu caminabas con alguien y aprendías el oficio. Un carpintero caminaba con un carpintero y aprendía de él. Una persona que quería ser zapatero caminaba con un zapatero y aprendía a hacer zapatos y un campesino aprendía a sembrar viendo a otro sembrar. De esa manera los filósofos eran adiestrados en el pensamiento cuando se juntaban con un *"padre espiritual"* o un filósofo mayor, entonces en civilizaciones antiguas ya existía este concepto.

Moises y Josue

Moises entrenó a Josué para que fuera su seguidor, y fue Josué el que llevó el movimiento a la próxima expresión. Este se convirtió en su hijo espiritual o su aprendiz.

> *Aconteció después de la muerte de Moisés siervo de Jehová, que Jehová habló a Josué hijo de Nun, servidor de Moisés, diciendo: Mi siervo Moisés ha muerto; ahora, pues, levántate y pasa este Jordán, tú y todo este pueblo, a la tierra que yo les doy a los hijos de Israel. Yo os he entregado, como lo había dicho a Moisés, todo lugar que pisare la planta de vuestro pie. Josue 1:1-3*

Elías y Eliseo

Eliseo fue entrenado por Elias. Elias pasó cuando Eliseo estaba arando con doce yuntas de bueyes, que en total eran 24 bueyes y cuando Elias pasó, tomó su manto, lo dejó caer sobre Eliseo y Eliseo enseguida se levantó y sacrificó.

Es decir, hizo una carne asada tremenda (en el idioma mexicano) y comenzó a servir a Elias desde ese momento.

> *Partiendo él de allí, halló a Eliseo hijo de Safat, que araba con doce yuntas delante de sí, y él tenía la última. Y pasando Elías por delante de él, echó sobre él su manto. Entonces dejando él los bueyes, vino corriendo en pos de Elías, y dijo: Te ruego que me dejes besar a mi padre y a mi madre, y luego te seguiré. Y él le dijo: Ve, vuelve; ¿qué te he hecho yo? Y se volvió, y tomó un par de bueyes y los mató, y con el arado de los bueyes coció la carne, y la dio al pueblo para que comiesen. Después se levantó y fue tras Elías, y le servía. 1 Reyes 19:19-21*

Mas adelante cuando Elias va a ser tomado, Eliseo esta listo para seguir con lo que había comenzado Elias.

Eliseo no se le desprendía a Elias, no se separaba. Elias le decía, *"espérate que tengo que ir allá"* y Eliseo le decía: *"no, ¡yo no te dejo!"*

Elias le había preguntado: *"¿que quieres que yo haga por ti?"* Eliseo le dice: *"Te ruego que una doble porción de tu espíritu sea sobre mí (2 Reyes 2:9)"*.

Y note bien, las palabras de Elias a Eliseo... *"Si me vieres cuando fuere quitado de ti, te será hecho así (2 Reyes 2:10)"*.

Moises y 70 discípulos

Para hablar de esto, entonces debemos entrar otra vez al lenguaje antiguo. Dios puso el espíritu de Moises sobre 70 hombres.

> *Entonces Jehová dijo a Moisés: Reúneme setenta varones de los ancianos de Israel, que tú sabes que son ancianos del pueblo y sus principales; y tráelos a la puerta del tabernáculo de reunión, y esperen allí contigo. Y yo descenderé y hablaré allí contigo, y tomaré del espíritu que está en ti, y pondré en ellos; y llevarán contigo la carga del pueblo, y no la llevarás tú solo. Números 11:16-17*

Cuando tú estas bajo la maestría, bajo la mentoría de alguien, entonces tu estas bajo ese mismo espíritu.

> *Mentoría -* La mentoría es una relación de desarrollo personal en la cual una persona más experimentada o con mayor conocimiento ayuda a otra menos experimentada o con menor conocimiento. La persona que recibe la mentoría ha sido llamada tradicionalmente como protegido, discípulo o aprendiz[1].

Tu vez a una persona que esta bajo la influencia de un maestro y cuando lo oyes hablar, habla como

---

1- http://es.wikipedia.org/wiki/Mentoría

ese maestro, inclusive con la manera de hacer las cosas, los tonos, etc., y tu dices: ¡wow es igualito! Bueno es que tiene su espíritu, no es que tenga el espíritu humano de esa persona, sino que *"es de su espíritu"*, es de su forma, de su fluir, de su influencia, por eso este concepto es muy antiguo y lo vemos una y otra vez.

Eliseo y los hijos de los profetas

Podemos observar que Eliseo esto lo lleva a otra dimensión, porque Elias solamente tenía un discípulo, mientras que Eliseo tenía una compañía de discípulos.

> *Viéndole los hijos de los profetas que estaban en Jericó al otro lado, dijeron: El espíritu de Elías reposó sobre Eliseo. Y vinieron a recibirle, y se postraron delante de él.*
> *2 Reyes 2:15*

La frase *"hijos de los profetas"* o *"compañía de profetas (1 Sam 10:10)"* en el lenguaje antiguo aparece de las dos maneras y se refiere a un grupo de profetas más jóvenes que caminaban bajo la enseñanza de un profeta más viejo (un mentor).

Hoy en día es común en Latinoamérica oír decir: *"oh tenemos una escuela de profetas"* y no se dan cuenta de que en realidad escuela quiere decir solamente que andaban juntos, no es una escuela donde se sentaban a aprender o donde les decían como profetizar, porque eso no se puede enseñar, profeta es un don de ministerio.

Note bien que hay dones del espíritu y dones del ministerio. Profeta es un don de ministerio y es uno de los cinco oficios en esta nueva economía de Dios (Ef 4:11). En el antiguo pacto era uno de los tres oficios principales. Estaban el rey, el profeta y el sacerdote, eran los tres ministerios antiguos. El profeta tenía una compañía de gente, eran muchachos que estaban con él todo el tiempo, lo seguían y aprendían de él, esos eran sus discípulos. De ahí pues es de donde proviene el concepto discípulo.

La palabra discípulo es pues *"alguien que sigue las enseñanzas de alguien"*, eso es todo lo que quiere decir.

> *discípulo, (la)-* 1. Persona que recibe enseñanzas de un maestro. 2. Persona que estudia, sigue y defiende las ideas y opiniones de una escuela o de un maestro, aun cuando pertenezca a una generación muy posterior[2].

Jesús y sus 12 discípulos

Ahora vámonos a Jesús para ver lo que es ser un discípulo de Jesús.

> *Entonces vinieron a él los discípulos de Juan, diciendo: ¿Por qué nosotros y los fariseos ayunamos muchas veces, y tus discípulos no ayunan? Mateo 9:14*

---

[2]- *The Free Dictionary by Farlex*

Ahí vemos más adelante que Jesús le da la respuesta, pero no estamos en la respuesta ahora sino en la pregunta.

Para empezar, Juan el Bautista también tenía discípulos, tanto que en una ocasión, él estaba en la cárcel y manda dos discípulos a preguntarle a Jesús: *Eres tú el que habrías de venir o hemos de esperar a otro?* (Mateo 11:3).

Él tenía gente que caminaba con él y les enseñaba. Juan tenía sus discípulos y Jesús tenía sus discípulos. Eventualmente terminaron siendo discípulos de Jesús y eso es lo más importante y de él es de quien nosotros queremos ser discípulos, porque cuando somos discípulos de Jesús estamos siendo discípulos de Dios directamente, pero no podemos desechar el concepto de la mentoría porque terrenalmente hablando es necesaria para el ministerio y esto lo vamos a probar por medio de la palabra.

Tu no solamente necesitas ser un discípulo de Jesús, tú debes tener discípulos y eso es completamente bíblico.

El Señor te mandó a ti a hacer discípulos y bueno tu dirás, yo los hago y se los conecto al Señor directamente. El Señor terrenalmente no está ministrando, Él tuvo un ministerio terrenal de tres años, ahora mas bien su ministerio terrenal es por medio de la iglesia, él nos encomendó a nosotros el *"id y haced discípulos"* y te dice pues, ve y discipúlalos. Ahí te das cuenta que Juan tenía discípulos, lo puedes ver después en *Mateo 11:2*, de hecho la relación maestro—discípulo es una relación bien establecida y yo quiero después llevármelo a la relación maestro—discípulo que tiene Pablo con sus hijos espirituales.

Entonces, ¿qué es un discípulo?
Voy a darle doce características. Las doce marcas del discípulo.

1 Un discípulo es alguien que sigue

*Pasando Jesús de allí, vio a un hombre llamado Mateo, que estaba sentado al banco de los tributos públicos, y le dijo: **Sígueme.** Y se levantó y le siguió. Mateo 9:9*

Note bien.

Tu tienes que ser discípulo de alguien para poder ser guía de alguien.

Tu no puedes ser líder si no sigues a alguien.

Hablando de Jesús, el centurión le dijo a Jesús: "...*yo soy hombre bajo autoridad, y tengo bajo mis órdenes soldados; y digo a éste: Ve, y va; y al otro: Ven, y viene; y a mi siervo: Haz esto, y lo hace.... (Mateo 8:9)*".

Este hombre sabía lo que era ejercer autoridad porque él estaba bajo autoridad. Tu no puedes entender autoridad si no estás bajo autoridad.

Todos necesitamos tener a un mentor, tu necesitas tener a una persona quien se siente contigo y te enseñe. El apóstol Pablo era discípulo de Gamaliel, dice la Biblia que él fue entrenado, equipado y preparado a los pies de Gamaliel *(Hechos 22:3)*.

Usando el lenguaje antiguo, *"a los pies"* quiere decir que se sentaba para que Gamaliel lo enseñara. Después él levanta a sus discípulos y les dice: *"sed imitadores de mí como yo soy seguidos de Cristo (1 Cor 11:1)"*, en otras palabras *"sigue a Cristo pero yo te voy a decir como"* y ahí está la paternidad espiritual, entonces tu tienes primero que seguir a alguien.

El maestro no puede ir detrás de sus discípulos.

Mateo 8:23 Dice: *" Y entrando él en la barca, sus discípulos le siguieron"*.

Los discípulos van detrás del maestro. Fíjese que cuando un maestro va detrás de los discípulos hay confusión.

Hay gobiernos de Iglesias que tienen mucha confusión porque el maestro va detrás de los discípulos.

Bueno, hay iglesias en donde los discípulos votan, quitan y ponen al maestro, hacen una votación para ver quien quieren que sea su pastor.

En Estados Unidos yo me horrorizo de ver como hasta se anuncian en sitios diciendo que están buscando a un pastor, como si fuera un trabajo. *"Estamos buscando a un pastor y le vamos a pagar tanto y va a tener ciertos beneficios"*.

Me pongo a pensar y me pregunto *¿dónde está la conexión espiritual de esto?*, la carreta se fue delante de los bueyes.

¿Como es que los discípulos van a buscar a su maestro?, debe ser al revés, el maestro llama a sus discípulos.

Note bien, si este concepto se entendiera, en las Iglesias no existieran las divisiones. Piense en lo que estoy diciendo, si este concepto fuera práctico en la iglesia no existieran las divisiones, porque nadie se va a poner a quitar a su maestro, porque *"el discípulo no es mayor que el maestro (Mateo 10:24)"* si verdaderamente hay esa conexión espiritual.

Ellos entonces, dejando al instante las redes, le siguieron. Mateo 4:20

2 Un discípulo de Cristo se sienta a la mesa con pecadores

*Y aconteció que estando él sentado a la mesa en la casa, he aquí que muchos publicanos y pecadores, que habían venido, se sentaron juntamente a la mesa con Jesús y sus **discípulos**. Mateo 9:10*

Esto es funcional.

Los discípulos estaban sentados a la mesa pero no solamente con el maestro, estaban sentados a la mesa con publicanos y pecadores.

Un discípulo tiene que sentarse con pecadores, eso puede ser un poco contrario a muchos mensajes populares de las Iglesias y no es mi intención revolverle su teología pero yo le digo algo, muchas veces tristemente en la Iglesias en lugar de ayudar a que las ovejas sean productivas las están recogiendo y limitándoles su expansión, diciéndoles: *"no te juntes con pecadores"*, usando por ejemplo el Salmo 1:1 que dice: *"Bienaventurado el varón que no anduvo en consejo de malos, Ni estuvo en camino de pecadores, Ni en silla de escarnecedores se ha sentado".*

Evidentemente el texto ha sido mal trazado, sacado completamente de lugar.

Esto no quiere decir que vas a hacer lo que ellos hacen, o dejarte arrastrar por ellos en lugar de ayudarlos a ellos a salir de las tinieblas. Ya en un tiempo hiciste lo mismo que ellos, y anduviste siguiendo *"la corriente de este mundo"* pero ya Dios te sacó de ahí.

> *...en los cuales anduvisteis en otro tiempo, siguiendo la corriente de este mundo, conforme al príncipe de la potestad del aire, el espíritu que ahora opera en los hijos de desobediencia... Efesios 2:2*

De hecho, si tu al juntarte con aquellos que no han sido salvos, haces lo mismo que ellos, es evidente que necesitas ayuda al igual que ellos, entonces todavía no te puedes llamar discípulo de Cristo.

Pero tu eres un discípulo, y tu como hijo de Dios haz sido llamado a predicarles el Evangelio, y ¿Cómo vas a hablarles de Cristo si no te puedes sentar a la mesa con ellos?

Si tú no te sientas con un pecador a la mesa, no lo puedes ganar.

Entiendo que muchos pastores tienen el temor de que si los miembros de su Iglesia se acercan a los pecadores, van a ser arrastrados por estos al mundo, pero ese pensamiento es basado en temor, y Dios no nos ha dado espíritu de temor.

Porque no nos ha dado Dios espíritu de cobardía, sino de poder, de amor y de dominio propio. 2 Timoteo 1:7

Para empezar a Jesús lo criticaban y lo llamaban *"amigo de pecadores"*, él se sentaba a la mesa a comer con pecadores.

Cuando vieron esto los fariseos, dijeron a los discípulos: ¿Por qué come vuestro Maestro con los publicanos y pecadores? Mateo 9:11

Vino el Hijo del Hombre, que come y bebe, y dicen: He aquí un hombre comilón, y bebedor de vino, **amigo de publicanos y de pecadores**. *Pero la sabiduría es justificada por sus hijos. Mateo 11:19*

Un discípulo debe entrenarse para hacer eso, para ir y sentarse a la mesa con pecadores y un buen mentor, un buen maestro, yo creo que prepara a sus discípulos para eso. Para mandarlos como decía Jesús: *"He aquí, yo os envío como a ovejas en medio de lobos… (Mateo 10:16)"*.
Él no les dijo: *"vayan y todos los van a querer y les va a ir bien"*, …no. Más bien, *"…Si a mí me han perseguido, también a vosotros os perseguirán…(Juan 15:20)"*.

Yo me recuerdo de eso todo el tiempo, sobretodo cuando viajo o estoy en eventos evangelísticos y me encuentro que la gente que está preparando los eventos a veces no son muy cristianos, tienen el lenguaje cristiano pero verdaderamente sus frutos no son de un cristiano. Algunas de estas personas están ahí porque de alguna manera Dios los tiene en un trabajo específico por ahora, pero verdaderamente eso no quiere decir que estén redimidos.

Entonces un discípulo se sienta a la mesa con pecadores.

Una persona que se la pasa sentado dentro de una iglesia y no sale ni va con pecadores, verdaderamente ¿de quién es discípulo? ese es un problema fundamental, de hecho es uno de los problemas de hoy en día, la gente solo está sentada y metida dentro de la iglesia teniendo el concepto de que *"yo voy a la iglesia, me siento y tu me enseñas"* y ahí queda todo.

Por eso ves ahí a un pastor que continuamente está invirtiendo su vida, enseñando y volviéndoles a enseñar y de ahí no pasan, no sale de ahí, se muere la semilla, se hace estéril, ¿porqué razón?, porque está la falta de este concepto, *"el discípulo se tiene que sentar con pecadores"* para poder extender el reino.

3 Un discípulo sigue instrucciones

*Cuando Jesús terminó de dar instrucciones a sus doce **discípulos**, se fue de allí a enseñar y a predicar en las ciudades de ellos. Mateo 11:1*

Yo digo y de hecho tengo un escrito que habla sobre la importancia de seguir instrucciones y no solo eso, instrucciones específicas.

Yo entreno gente continuamente y a veces cuando estamos en la *Escuela de Evangelismo Creativo*™ enseño la manera en como dar instrucciones, porque tenemos que ser específicos en cuanto a como damos instrucciones, porque desde la torre de Babel hay un problema de lenguaje.

La gente mal entiende las cosas, ese es un problema. Tu le dices a alguien algo y te entendió otra cosa, por eso necesito tener la habilidad o la capacidad de usar bastantes sinónimos y decirle a la gente lo mismo varias veces.

En ocasiones mi esposa me observa y me dice, — *"repetiste lo mismo cuatro veces"* y le respondo, *"sí, lo dije cuatro veces pero lo dije con cuatro sinónimos diferentes"* y así es, lo hice a propósito.

Gran parte de los problemas de *"comunicación"* parece ser que muchos amados muestran tener problema con *"seguir instrucciones"*.

Será ADD *(Attention Deficit Disorder)* o *(síndrome de déficit de atención)*, o nuestra idiosincrasia latina de *"más o menos"* o *"al rato lo hacemos"* o *"ahí se va"* lo que ataca directamente al deseo de hacer las cosas con excelencia.

Y si es para Cristo, todos estamos de acuerdo en que *"debemos hacer lo mejor"* y hacerlo con *"excelencia"* ¿cierto?

Dice la Biblia:

> *"Y todo lo que hagáis, hacedlo de corazón, como para el Señor y no para los hombres Colosenses 3:23"*

Bueno. No se pueden hacer las cosas con excelencia si no se escucha bien cuáles son las instrucciones y se siguen al pie de la letra. De no ser así, existirá *"espíritu de confusión y desorden"* y eso no es de Dios.

> Dios es un Dios de orden *(1 Corintios 14:40)*.

Jesús le daba instrucciones a sus discípulos *(Mateo 11:1)*, de hecho tu te vas a dar cuenta más adelante que Jesús les da instrucciones a sus discípulos **en privado**.

Jesús no daba las instrucciones a todo el mundo, **solo a sus discípulos** y ese era un privilegio que tenían sus discípulos. Ellos recibían instrucciones antes que el resto, que jamás escuchaban el resto de la población y eso lo vamos a entender más cuando lo enlacemos con otro punto.

4 El alimento es primero al discípulo y luego a la multitud

*Entonces mandó a la gente recostarse sobre la hierba; y tomando los cinco panes y los dos peces, y levantando los ojos al cielo, bendijo, y partió y dio los panes a los **discípulos**, y los discípulos a la multitud. Mateo 14:19*

Esto cambia la manera de hacer misiones, la manera de administrar una iglesia, la manera de ganar almas y lo vuelvo a repetir, *el alimento es primero al discípulo y luego a la multitud.*

Un pastor no puede pastorear a una congregación completa, eso es imposible.

¿Por qué es imposible?
Bueno está escrito y aparte de eso yo traté y no se puede. Tu no puedes llevar sobre tus hombros los traumas y problemas de una congregación entera, tampoco puedes dar atención personalizada y de calidad a mucha cantidad de gente continuamente. No se puede amado. Terminas gastado, te quemas.

El Señor tampoco lo hizo. El Señor no pastoreó a la iglesia completa ni pastoreó a la multitud, él pastoreó a doce y esos doce se encargaron de llevar el Evangelio al resto del mundo y ocuparon ayuda.

Así que Jesús no llevó el Evangelio al mundo, Él preparó doce y esto me da a mi una medida de capacidad.

Una persona sola puede pastorear a un grupo de gente.

En el caso de Jesús, doce, y doce es (digamos) un número simbólico.
No tienen que ser doce, pueden ser once, quince. Doce es un grupo simbólico. Creo que la medida es hasta donde usted alcance.

¿Por qué razón?

Porque tu puedes ocuparte de las necesidades de unos pocos, porque esos pocos te necesitan, esos sufren golpes en la vida, se parten una patita como ovejitas y tu tienes que vendarlas y eso toma tiempo.

Si fueras a vendar las patitas quebradas de un ovejado bien grande, el tiempo no te alcanzaría, pero si tienes doce, tu puedes vendar las patas de esas doce cuando se quiebran y todo el tiempo se están quebrando.

Pueden ser golpes, o que la ovejita se enreda en una cerca, viene un lobo y la muerde, esas cosas pasan, entonces el pastor está equipado para tener un grupo limitado de discípulos. Ahora estos discípulos tienen la responsabilidad de pasar el mensaje a sus discípulos.

Por eso es que esto de formar discípulos no es solamente de una persona, esto de formar discípulos es de todos. Yo te formo a ti como discípulo, tú formas tus discípulos y ellos forman sus discípulos y así se levanta el reino.

Veamos bien el concepto

Entonces mandó a la gente recostarse sobre la hierba; y tomando los cinco panes y los dos peces, y levantando los ojos al cielo, bendijo, y partió y dio los panes a los discípulos, y los discípulos a la multitud. Mateo 14:19

Él no se los dio a la multitud.

El Señor no les dio los panes a la multitud, el Señor se los dio a sus discípulos y los discípulos a la multitud.

¿Te imaginas al Señor solo, dando los panes a la multitud entera?
No se puede. Es como los festivales que nosotros organizamos en la Asociación Evangelística. ¿Se imagina, nosotros solos haciendo un festival? No se puede, tiene que haber un equipo, es el mismo concepto y aquí está claro.

Por eso yo digo que con un grupo de discípulos usted puede revolucionar a una cuidad entera, pero si tú solo tratas de revolucionar una ciudad entera no puedes, porque humanamente hay límites.

Y tomando los siete panes y los peces, dio gracias, los partió y dio a sus discípulos, y los discípulos a la multitud. Mateo 15:36

5 Los discípulos son buenos en relaciones públicas

*Viniendo Jesús a la región de Cesarea de Filipo, preguntó a sus **discípulos**, diciendo: quién dicen los hombres que es el Hijo del Hombre? Mateo 16:13*

Fíjese que Jesús no está escuchando lo que dice la gente directamente. Él necesita que alguien venga y se lo diga.
Él le pregunta a sus discípulos: ¿quién dice la gente que yo soy?
Ellos son los que están en contacto con la gente y ellos son los que le dan información.

Fíjese que cosa tan tremenda. Un líder tiene que tener cuidado de quién se rodea porque el líder no está con todo el pueblo todo el tiempo.
De hecho para uno que anda viajando esto es importante, porque yo llego al evento solo a subirme en la plataforma y la gente viene y me dice lo que está pasando y si los que están a mi alrededor no

me dan la información correcta, entonces tengo un problema, porque puedo tomar malas decisiones por tener la información incorrecta.

Es como el presidente de la nación, si tiene varias personas alrededor y le están dando la información que no es, él no puede hacer buenas decisiones.

Es muy importante estar rodeado de gente que te de la información correcta.

Los que hacen relaciones públicas, lidian con la multitud, estos son los discípulos, ellos saben cuando la multitud tiene hambre, ellos son los que dicen, Señor, esta gente lleva rato aquí y no han comido, tienen hambre.

El discípulo está al tanto de las necesidades de la gente.

6 El discípulo tiene información clasificada y confidencial

*Desde entonces comenzó Jesús a declarar a sus **discípulos** que le era necesario ir a Jerusalén y padecer mucho de los ancianos, de los principales sacerdotes y de los escribas; y ser muerto, y resucitar al tercer día. Mateo 16:21*

¿Se los empezó a decir a quién?
A los discípulos les empezó a declarar lo que venía, les empezó a hablar del futuro. Los discípulos tienen información que el resto de la multitud no tiene, es decir, información clasificada, información de adentro, información sobre el mecanismo y eso es una responsabilidad tremenda, porque cuando tú caminas con un maestro y esta persona te confía cosas puedes ver sus defectos.

Se recuerda de la sierva de Naaman el sirio *(2 de Reyes)*, del mismo que habla la Biblia, que Dios le había dado victoria pero que padecía de una terrible lepra. A Naaman el Sirio, si tú lo vez con su armadura puesta es perfecto, esta persona era un general, su armadura, no es cualquier cosa. Ahora ¿se imagina usted que cuando este hombre se empieza a quitar la armadura y lo ve la sierva de la esposa y se da cuenta de que Naaman tiene lepra?

La sierva está lo suficientemente cerca que puede ver que Naaman tiene una lepra debajo de la armadura. Sucede que esta mujer, es una mujer de Dios, ésta es una de las héroes de la Biblia. En lugar de criticarlo, de señalarlo o decir *"mira, Naaman tiene lepra"* o como mucha gente dentro de las Iglesias diciendo, *"mira mi pastor si supieras a veces anda de mal humor"*, en lugar de ponerse a criticar lo que hizo fue enviarlo al lugar de sanidad.

Lo sanó y eso es lo que hace un buen discípulo.

Cuando un maestro está herido, lo que se hace es que se cura, se ayuda, no se critica, ni se destruye.

Esta mujer pudo haber destruido a Naaman o publicar su lepra, con eso hubiera sido suficiente para que perdiera su rango pero no, esta mujer fue con la esposa de Naaman y le dijo: *"si mi señor fuere allá a la tierra de Samaria porque allá hay un profeta y ahí Dios lo puede sanar..."* ¿y sabe lo que sucedió? que la esposa le dijo a su esposo Naaman *(porque las esposas tienen cierta influencia con los esposos, ¿verdad?)* Y entonces fue a donde le indicó la sierva y llegó con el profeta y el profeta ni siquiera salió sino que mandó a su criado para que le dijera que se sumergiera en el río Jordán por siete veces y su lepra se sanaría y cuando Naamán se sumerge siete veces en el Jordán, sale sano de su lepra. Tremenda historia, pero la historia comienza con la sierva que vio la lepra.

Es una historia linda, yo leo esa historia y toman vida los personajes.

El líder puede ver cosas que otras personas no pueden ver, pero el discípulo, el que está cerca lo ve, algún tipo de leprita por ahí, algún defecto, un problema de carácter. Porque fíjese que ese maestro se cansa, tiene días malos, igual que los tiene todo el mundo, a veces se confunde o también le entran inseguridades o se enoja.

Pablo se enojó un par de veces y hasta corrió a Marcos, tuvo desacuerdos con Bernabé por causa de Marcos y cosas así, porque no es perfecto.

El hombre de Dios tiene algo de imperfección y eso no lo sabe la multitud.

La multitud ve al ungido de Dios, al hombre que se para en la plataforma y Dios lo usa, pero el discípulo, el que anda cerca, ve los defectos.

Por eso es que se hace una relación larga, porque ya han andado cierto tiempo con alguien en el ministerio, ya ha tenido suficientemente tiempo para observar, yo digo que la gente que ya lleva conmigo caminando por largo tiempo en el ministerio somos como un matrimonio viejo donde ya no hay sorpresas. Pero tú sabes, cuando tu conoces a alguien por tiempo ya no te va a sorprender, tú conoces a la persona, conoces sus cosas buenas y las no tan buenas también, pero el amor es suficiente para lidiar con esos defectos. ¡Que cosa tan tremenda! que se necesita amor para tener a un buen mentor, porque el mentor de pronto va a decir algo que te va a tomar fuera de lugar o en un tiempo incorrecto y te va a decir algo incorrecto y ahí está la humanidad del mentor.

Entonces el principio es que, el discípulo tiene información clasificada, tiene acceso a información que otra gente no tiene y es importante que el discípulo sepa como usar esa información.

Que cosa tan tremenda que hasta para seguir se necesita sabiduría, para ser discípulo se necesita sabiduría.

Con sabiduría se edificará la casa, Y con prudencia se afirmará Proverbios 24:3

7 No se puede ser un buen discípulo sin sacrificar algo

*Entonces Jesús dijo a sus **discípulos**: Si alguno quiere venir en pos de mí, niéguese a sí mismo, y tome su cruz, y sígame. Mateo 16:24*

No se puede ser un buen discípulo sin sacrificar algo y de hecho la fidelidad cuesta.

Fíjese, Jesús ¿a quién se los dijo?

A sus discípulos. *"Si alguno quiere venir en pos de mí…"*, primero se los dijo a sus discípulos y les dijo (en otras palabras) *"tus intereses ya no vienen primero"*.

Negarte a ti mismo quiere decir que *"tus intereses ya no son el número uno, tu visión ya no viene primero"*.

Tú acabaste de abrazar la visión de otra persona y en una misma casa no puede haber dos visiones.

Cuando en una casa hay dos visiones, lo que pasa es que hay división.

No puede haber un discípulo que tenga una visión diferente a la que tiene el maestro. El discípulo es alguien que abraza la visión del maestro. Tiene que haber una identificación tremenda en esto, no se puede ser discípulo sin sacrificar algo.

8 Discípulos cuidan a su maestro

*Entonces le fueron presentados unos niños, para que pusiese las manos sobre ellos, y orase; y los **discípulos** les reprendieron. Mateo 19:13*

Ahora, vamos a decir que la actitud de los discípulos fue muy dura, de hecho el Señor les dijo a ellos, no, no los reprendan, *"dejádlos venir a mí porque de ellos es el reino de los cielos"*.

Pero los discípulos, sin embargo, lo que están haciendo es su trabajo. Ellos están protegiendo al maestro, eso es lo que está haciendo el discípulo.

En una ocasión, el equipo y yo terminamos un evento en Haití y nos tuvieron que meter en un carro y sacarnos de allí rápido porque estábamos en peligro, la gente se dejó venir, la cantidad de gentes eran miles así que estábamos corriendo peligro pero afortunadamente había alguien que estaba al pendiente y lo que hizo es que nos metió como sardinas en un carro y nos sacó por detrás de la plataforma. De no haber sido así allí nos hubiera pasado algo.

De hecho cuando vienen a apresar al Señor, Pedro enseguida saca la espada y le corta la oreja a un soldado y el Señor otra vez le reprendió a Pedro y le dice a Pedro que así no es la cosa, pero lo que está haciendo Pedro es cuidar al maestro.

Estará mal o estará bien, pero su intención era cuidarlo, era protegerlo, claro hay un plan mayor que todavía Pedro no entendía y ellos lo amaban tanto que no querían que Jesús fuese crucificado. Honestamente tu no dejarías que a alguien a quien tú amas lo crucificaran. No, de hecho el Señor le dice a Pedro en una ocasión: *"apártate de mí satanás"* porque Pedro está tratando de impedirle que sea sacrificado. En lo natural tu le dirías, *"gracias Pedro por cuidarme"*, verdaderamente la intención de Pedro era buena.

Por otro lado cuando viene Judas con los que van a apresar al Señor, el Señor le dice *"aquí viene mi amigo"*. Entonces Jesús le llama a Judas amigo y a Pedro satanás. Esto esta un poco difícil de entender.

El Señor le llama amigo al que le va a causar dolor y al que le va a ahorrar dolor le llama satanás, porque hay un plan mejor.

Pero en cuanto a cuidar al maestro, ¿quién está bien? ¿Judas o Pedro?

Pedro es el que está bien, Judas lo ha traicionado y lo que quiere es entregarlo, Pedro lo está cuidando. Entonces el discípulo verdadero cuida al maestro.

Hay muchas maneras de cuidarlo, el maestro a veces es difamado, otras veces es atacado, a veces se cansa y entonces es cuando el discípulo dice, mira, vamos a no causarle tantos problemas a nuestro maestro, vamos a aliviarle un poco la carga, vamos a ayudar y a no ser parte del problema.

9 Un discípulo es obediente

*Y los **discípulos** fueron, e hicieron como Jesús les mandó... Mateo 21:6*

Así de sencillo, no pusieron excusa, ellos fueron e hicieron como Jesús les mandó. Obediencia es una señal de fidelidad, tú no puedes obedecer a alguien en este nivel si no lo admiras.

Tú no puedes tener a un líder o a un mentor que no admires, yo mismo admiro a mi mentor, yo me siento y lo escucho y si me va a decir algo le pongo atención porque quizás él sabe algo que yo no sé. Eso es respeto y ahí entra la obediencia porque por algo es mi mentor.

La obediencia es una prueba de tu amor por Dios.

Le contestó Jesús: —El que me ama, obedecerá mi palabra, y mi Padre lo amará, y haremos nuestra vivienda en él. Juan 14:23 (NVI)

Cuando eres obediente Dios te usa.

Dwight L. Moody, el gran evangelista del siglo XIX fue desafiado por esta declaración: *"El mundo aún espera ver lo que Dios puede hacer en y a través de aquel que está completamente rendido al Señor Jesucristo"*, Moody respondió: *"Yo quiero ser ese hombre"*.

Como resultado de haber dado gloria a nuestro Señor, Dios lo usó como a ningún otro hombre de su tiempo para alcanzar multitudes con el Evangelio de Cristo.

Uno es siervo de aquél a quien uno obedece.

> *¿No sabéis que si os sometéis a alguien como esclavos para obedecerle, sois esclavos de aquel a quien obedecéis, sea del pecado para muerte, o sea de la obediencia para justicia? Romanos 6:16*

Como siervos de Dios, el discípulo es obediente a la palabra de Dios.

De hecho, llevar la gran comisión de *"ir y hacer discípulos"* es una acción que hacemos basandola puramente en obediencia.

10 Un discípulo es parte del futuro

*Y estando él sentado en el monte de los Olivos, los **discípulos** se le acercaron aparte, diciendo: Dinos, cuando serán estas cosas, y qué señal habrá de tu venida, y del fin del siglo? Qué señal habrá de tu venida, y del fin del siglo? Mateo 24:3*

Yo sé que esto es una profecía y yo no quiero espiritualizar el texto pero le digo algo, los discípulos están interesados en saber lo que va a pasar en el futuro y un discípulo esta interesado en saber lo que viene para el ministerio, quiere saber la visión del ministerio, quiere saber para dónde vamos o que es lo que se está haciendo, mira hacia adelante.

Un discípulo es parte de la visión
Un discípulo no es alguien que está mirando los defectos y las cosas que pasaron en el pasado o lo

que no funcionó.

Un discípulo pone los ojos en la meta.

> *Hermanos, yo mismo no pretendo haberlo ya alcanzado; pero una cosa hago: olvidando ciertamente lo que queda atrás, y extendiéndome a lo que está delante, prosigo a la meta, al premio del supremo llamamiento de Dios en Cristo Jesús. Filipenses 3:13-14*

De la misma manera que Pablo *(el cual es discípulo de Cristo)* dice *"prosigo a la meta"*, así nosotros debemos mirar hacia adelante.

El discípulo busca maneras en cuanto a cómo avanzar el reino.

En la labor de visión común del reino, es natural que el discípulo se multiplique. Para un discípulo dar frutos de su género *(hacer otros discípulos)* es tan natural como para un árbol de frutas producir las mismas.

De hecho, el Señor dijo:

> *Por sus frutos los conoceréis. ¿Acaso se recogen uvas de los espinos, o higos de los abrojos? Así, todo buen árbol da buenos frutos, pero el árbol malo da frutos malos. Mateo 7:16-17*

Entonces el discípulo produce discípulos, y esta es la manera en que el reino avanza.

El discípulo se disciplina y prepara para el futuro de la visión.

El discípulo se prepara para servir. Afila su espada. Aprende de su maestro. Es necesario que como obreros de la viña, sepamos cómo recoger esos frutos.

Las disciplinas de la oración, lectura de la palabra, y el oír la palabra con fe, son no solamente necesarias sino indispensables para crecer en buena salud espiritual.

11 Comunión es un asunto de discípulo

*Y él dijo: Id a la cuidad a cierto hombre, y decidle: El Maestro dice: Mi tiempo está cerca; en tu casa celebraré la pascua con mis **discípulos**. Mateo 26:18*

¿Con quién dijo? Con mis discípulos.

Observe que la Pascua él la celebró solamente con los discípulos.

De hecho, si tu has visto los cuadros de la última cena, ¿cuántas personas hay ahí? es un grupo pequeño.

La comunión, la última cena, el momento de partir el pan lo hace con la gente que está más cerca de él. Él sabe que ya va a ser sacrificado y comparte sus últimos momentos antes de su muerte con sus discípulos.

El mismo lo dijo: *"celebrare la pascua con mis discípulos"*.

Sí, comunión es una cuestión de discípulos.

De hecho, un pastor no puede tener comunión con la iglesia entera, ahora, yo no estoy diciendo que no pude tener una celebración o la santa cena, estoy hablando de compenetración, comunión íntima... es imposible.

En un movimiento grande o en un movimiento masivo yo quisiera siempre abrazar a todo el mundo y uno quiere gastarse con la gente lo más que uno puede pero es imposible. Eventualmente el cuerpo no te da, te cansas, te tienes que ir descansar.

Pero sí puedes tener comunión con la gente que está cerca, por eso se necesita el estudio en un grupo pequeño o las reuniones en casa con el equipo de trabajo. Sentarte debajo de un árbol y contar parábolas, esto es lo que hacia el Señor.

Jesús todo el tiempo estaba enseñando a sus discípulos mientras iban. En una ocasión pasaron por una higuera y ahí le dijo a la higuera *"sécate"* y ahí les dio una enseñanza y en otra ocasión les dio otra enseñanza en la barca cuando no podían pescar, y así continuamente les estaba dando enseñanzas. De cerca, en lo íntimo, en buena comunión.

12 Un discípulo siempre regresa

Mas todo esto sucede, para que que se cumplan las Escrituras de los profetas. Entonces todos los **discípulos**, *dejándole, huyeron. Mateo 26:56*

Esto es importante saberlo, la Biblia dice que *"el hijo permanece en casa para siempre (Juan 8:35)"*. Paternidad espiritual es algo que no se inventa, eres o no eres, si eres hijo espiritual tú no te vas y si te vas, regresas, observe de nuevo esta parte del texto:

Entonces todos los discípulos, dejándole, huyeron.
Mateo 26:56

Sabe, yo tenía un problema con esto, porque no entiendo que si un discípulo es alguien fiel, alguien que ama lo que estas haciendo, ¿cómo es que te deja?

Todos los discípulos abandonaron al Señor en el momento de la crucifixión y hay una cosa que sucede en el liderazgo y yo lo he dicho antes, que el líder en la cumbre camina solo.

Líderes a veces caminan solos

Hay un momento, hay un espacio donde tus discípulos no caminan contigo, ésta es la soledad de la cumbre, esto es el ministerio, esto es el liderazgo.

En el liderazgo cuando tú vas a hacer las decisiones más difíciles las vas a hacer solo.

Mire, mi esposa que es quien más cerca camina de mí, yo le confío en todo y a veces le consulto en algunas cosas, ¿cómo ves esto y cómo ves lo otro? y siempre estamos compartiendo ideas a la hora de tomar decisiones, y como hemos caminado tantos años juntos en el ministerio, ya sabe por cuestión de experiencia y me dice pero acuérdate que aquella vez lo hicimos así y nos pasó esto y tiene la memoria fresca, pero hay un momento en que mi esposa no me puede ayudar.

También tengo amigos en el ministerio, y también hay un equipo de trabajo, y con estos comparto asuntos y escucho sus opiniones, pero a la hora de tomar esa difícil decisión, debo hacerlo solo.

Como líder, es mi decisión, y eso quiere decir que si me equivoco, yo fui el que me equivoqué y si lo hice bien, todo el mundo lo hizo bien, cuando la decisión está bien tomada todo el mundo toma crédito y cuando te equivocas tu te equivocaste, ese es el liderazgo.

"Cuando el trabajo de un líder concluye, la gente dice: ¡Lo hicimos!" -Lao Tsé

El discípulo siempre regresa

La respuesta a esta preocupación viene al final del libro, ahí en *Mateo 28:19* Jesús les da la comisión a los discípulos, estos discípulos que lo dejaron a él, después estaban todos asustados y tenían miedo en un aposento y el Señor se les aparece y les da la gran comisión.

> *Por tanto, id, y hace discípulos a todas las naciones, bautizándolos en el nombre del Padre, y del Hijo, y del Espíritu Santo... Mateo 28:19*

Quiere decir que al final de cuentas los discípulos no fueron a ningún lado, ellos se asustaron, lo dejaron solo en la crucifixión, tenían miedo.

Pedro no solo abandonó al maestro, Pedro lo maldijo y lo negó, pero luego se arrepintió y regresó porque el discípulo siempre regresa. Te va a dejar solo en el momento que tú necesitas estar sólo porque en el momento de tu crucifixión *(y créanme que en el liderazgo te crucifican)*, es necesario lo pases solo. Pero no te preocupes que cuando bajes de ahí y resucites los discípulos te van a estar esperando con miedo, asustados pero ahí van a estar.

Cosa tremenda que esto aplica en varios niveles, si tú te vas a Pablo, Pablo levanta hijos espirituales.

> *Porque aunque tengáis diez mil ayos en Cristo, no tendréis muchos padres; pues en Cristo Jesús yo os engendre por medio del evangelio. 1 Cor 4:15*

Note bien, aunque tengáis diez mil maestros, *(ayos quiere decir maestro de niños)*, se está refiriendo a la ley de Moises. Solamente hay un mentor, un padre espiritual, *"porque en Cristo Jesús yo os engendre"*.

Aquí viene la paternidad espiritual, ¿quién es el que te engendra? Quien te engendra es quien te trae a la llenura de tu llamado y es quien verdaderamente te discípula.
Ahora vea bien, lo que está diciendo aquí, es paternidad.

> *v.16 "Por tanto, os ruego que me imitéis".*

> *v.17 "Por esto mismo os he enviado a Timoteo, que es mi hijo amado y fiel en el Señor, el cual os recordará mi proceder en Cristo, de la manera que enseño en todas partes y en todas las Iglesias".*

Mire como Pablo llama a Timoteo, *"mi hijo amado"*.

Sabemos que es hijo espiritual porque Timoteo era hijo de madre judía y de padre griego, entonces Pablo no era padre de él en lo natural, pero si era su hijo espiritual, quien les iba a recordar *"mi proceder"*.

Timoteo no va a predicar su propio mensaje, él va a decir o a recordar lo que yo digo *"de la manera en que enseño en las Iglesias"*.

Por eso es que se puede conservar en el pueblo gentil *(por medio del apostolado de paulino)* la unidad del espíritu, porque todos están hablando lo que dice Pablo y Pablo esta escribiendo cartas a sus hijos espirituales los cuales están llevando cartas a diferentes ciudades, diferentes naciones, a diferentes países.

Pablo está detrás de todo enseñando, discipulando, liderando a un equipo de colaboradores que son hijos espirituales y discípulos.
Esta relación es poderosa y es duradera.
La relación Maestro—Discípulo es la manera en que el reino es establecido y la palabra de Dios corre sanamente en esta tierra.

Para el Mentor

Nota: Este es un ejemplo de la comisión que aparece al final del manual: **Discípulo 3.0 Transformación** y es la manera en que el que ha tomado los doce estudios, se compromete a discipular a otras tres personas. Usted puede guiar a sus discípulos y orar con ellos mientras hacen este compromiso.

La Comisión

¿Listo? ¿Lista?
Si usted ha tomado 'Discípulo 3.0' durante 12 semanas, y está listo(a) para decir:
-Sí Señor, yo quiero ser obediente a tu mandamiento de "Id y haced discípulos".

Nosotros queremos apoyarle para que juntos llevemos el evangelio a esta generación.

¿Donde comienzo?

1- Primero hagamos una oración para dedicarle en esta importante comisión.
"Padre, te damos gracias por mi hermano(a) _____, y su decisión de ser obediente a la gran comisión de "Id y Haced discípulos. Te pedimos nos des la gracia para respaldarle para que en equipo podamos llevar adelante esta tarea. Confiamos que TU le respaldas paso a paso, y le uses conforme a tu divina voluntad. Gracias por su vida, su familia y seres queridos. Te damos gloria y honra por todo lo que harás por medio de el (ella). En el nombre de Jesús. Amén."

2- Su mentor le dará el material y le apoyará en el proceso de llevar la palabra a otras personas.
Invite varios amigos, compañeros de trabajo o parientes a una plática.
En esa plática presente la oportunidad de comprometerse a tomar el estudio de 'Discipulado 3.0'.
Anote a aquellos que se han comprometido y anuncie el día de la semana en que será cada estudio.

Recuerde. Usted puede comenzar este estudio con:
a- Personas que no conocen a Jesús. A estos presentará el mensaje de Salvación en la primera vez que se reúnan.
b- Personas que ya han confesado a Cristo como Señor y Salvador de sus vidas, pero no han sido discipulados y necesitan crecer en su vida cristiana.

Pídeme, y te daré por herencia las naciones, Y como posesión tuya los confines de la tierra. Salmos 2:8

Juntos podemos transformar ciudades

La labor de Evangelismo Misionero está impactando miles de vidas en el Continente. Nuestra Asociación ha experimentado un explosivo crecimiento en la efectividad y el tamaño de los alcances en estos últimos años.

Por medio de Festivales, Escuelas de Evangelismo Creativo y Misiones Humanitarias los impactos son sin precedentes... ciudades enteras están siendo transformadas por el poder del Evangelio de Cristo... pero esto no es el trabajo de un hombre.

Toma un equipo para levantar una cosecha... y ese equipo lo formamos usted y yo.

Toma un equipo para levantar una cosecha...

ESTADÍSTICAS

- La *Asociación JA Pérez* necesita reclutar entre 500 y 1000 voluntarios para cada evento.
- Toma un equipo de más de 70 ministros (Evangelistas, Artes, Música, Teatro, Ministerios de Niños, etc...) para completar exitosamente un Festival de dos días.
- Toma 12 equipos (de Médicos, Dentistas, Enfermeras, Trabajadores Sociales, Consejeros y Asistentes) de aprox. 10 personas cada equipo (120 total) para completar una Misión Humanitaria antes y durante el Festival.
- Toma 2 equipos de ministros para entrenar líderes para evangelismo pre-festival e integración de nuevos creyentes a las iglesias, semanas antes y después del Festival para exitosamente retener la cosecha de almas en las iglesias.

FESTIVALES

Un Festival (tanto República de Gozo™ como Fiesta Mayor™) es una celebración en grande, con arte, cultura, música y mucho más. Es un festival de vida que no es religioso sin embargo celebra y exalta a Jesucristo.

En un ambiente sano, para la familia con kioscos y talleres diarios con ayuda inmediata y programas de larga duración se hace un trabajo social responsable que dejará resultados en el área cubierta. Esto acompañado de conciertos y presentaciones que traen verdadero gozo y nos muestran el propósito para el cual fuimos creados.

Cada noche se lleva a cabo una Concentración Masiva donde se entrega el mensaje de salvación y esta es seguida por un concierto donde jóvenes y adultos se unen a celebrar y adorar a Jesucristo.

JA Pérez hace el llamado cada noche. Cientos pasan a recibir a Cristo y esto es seguido por la integración donde todos los estudiantes que han sido entrenados en la EEC los recibirán por zonas para llevarlos a las iglesias y ocuparse de sus necesidades inmediatas.

Durante el día en el estadio, médicos y consejeros asisten a las familias necesitadas. No solo con medicina y ayuda humanitaria, también sus necesidades espirituales son ministradas. Muchos se entregan a Cristo durante el día, lo que pasa a formar parte de la gran cosecha en el evento general.

Payasos, mimos, y un sinnúmero de presentaciones culturales desfilan en cada una de las plataformas del festival alcanzando a niños de todas las edades. También conciertos y talleres juveniles toman lugar durante el día en las diferentes carpas alrededor del estadio.

Carpas con talleres para la familia y temas para matrimonios, madres solteras, mujeres maltratadas, enfermedades contagiosas, adicciones, etc. operan durante todo el día alrededor del estadio. También Cristo es presentado y muchos son alcanzados de esta forma.

Cada noche, presentaciones musicales dirigidas a la cultura y región comparten la plataforma. También al cierre del alcance evangelístico, un gran concierto concluirá la noche.

ENTRENAMIENTO

Escuela de Evangelismo Creativo™
El objetivo de la EEC es comunicar el Evangelio de Jesucristo por medios originales y creativos que envuelven música, artes, deportes, cultura o cualquier otro
elemento imaginativo.

Proceso
Es un sistema de entrenamiento que enseña Evangelismo como un estilo de vida usando: 1-Los talentos obvios de cada individuo. 2-El medio ambiente en que se desenvuelven
los mismos.

Práctica
Ya sea con el Proyecto *República de Gozo*™, *Fiesta Mayor*™ o cualquier otro alcance o festival; en áreas donde se llevan a cabo estos proyectos paralelamente se lanzan extensos trabajos de evangelización. Desde la preparación (meses antes del evento) hasta el seguimiento (meses después del evento), los evangelistas de la Escuela de Evangelismo Creativo™ toman parte activa en la propagación del Evangelio en su
respectiva ciudad.

Conferencias para líderes, empresarios y la preservación de la familia.

El ministerio ha sostenido eventos por años en la forma de seminarios, congresos y escuelas de evangelismo.

Estos consisten en la capacitación de líderes y empresarios para desarrollar sus potenciales y llevarlos a la efectividad en el campo en que Dios los ha llamado.
También se sostienen seminarios dedicados a la familia tratando asuntos que van desde la crianza de hijos, capacitación a solteros y fortalecimiento de las relaciones matrimoniales.

Estos eventos han llegado a ser de mucha bendición para muchos y su efectividad ha resultado en la creación de libros y materiales de entrenamiento que hoy se distribuyen mundialmente.

MISIONES HUMANITARIAS

...y si dieres tu pan al hambriento, y saciares al alma afligida, en las tinieblas nacerá tu luz, y tu oscuridad será como el mediodía. Isaías 58:10

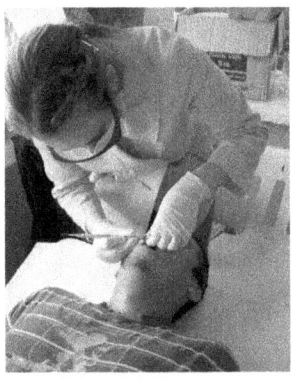
Una misión humanitaria une a aquellos que han sido grandemente exitosos con los menos privilegiados de la sociedad. Por este medio, nos enfocamos en los pobres de cada ciudad o región, aquellos que han sido dañados por alguna catástrofe, o simplemente han crecido en un ambiente que carece de oportunidades.

El alcance consiste no solo en el auxilio rápido a una necesidad inminente. También organiza programas no solo para ayudar al que tiene hambre, sino que aparte de eso, lo involucra y enseña poniendo en sus manos herramientas para que se pueda valer por sí mismo y le educa para sacar a su familia hacia una mejor forma de vida.

La Asociación JA Pérez trabaja arduamente para mostrar el amor de Cristo por medio de alcances a familias en necesidad. Eso se hace por medio de las Misiones Humanitarias las cuales operan paralelamente a los Festivales y Concentraciones Masivas.

Semanas antes de un evento masivo, contingentes de voluntarios visitan regiones que han sido dañadas por algún desastre natural o lugares que simplemente permanecen bajo altos niveles de pobreza.

Una vez detectadas las necesidades de cada zona, se toma manos a la obra. Equipos visitan las familias en necesidad con asistencia médica,

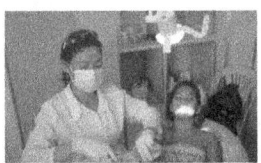  

La movilización de unidades médicas nos permite llegar y ministrar a necesidades específicas. Esto junto al patrocinio de parte de centros de salud en cada región, nos facilita conectarnos con especialistas nacionales que pueden dar seguimiento y tratamiento a largo plazo una vez que haya culminado la misión.

provisión de medicamentos y alimentos, y a la vez se integran programas a largo plazo que incluyen campañas de vacunación, programas para desnutrición (especialmente en infantes), desparasitación, y educación que trabajando coordinadamente con el evento en esa ciudad dejará un seguimiento a cargo de instituciones locales, iglesias y programas de los gobiernos.

Enfrentar la realidad de la condición en que viven millones de personas en nuestro continente es una experiencia bien difícil. En nuestras misiones humanitarias, hemos experimentado el desgaste emocional de los miembros del equipo.

El compromiso de la Asociación con aquellos que están en real necesidad va más allá de nuestra presente habilidad de cubrirlo, sin embargo, no podemos decir que no.

No podemos voltear la cara, pensando que otros vendrán y tomarán el reto. La oportunidad de servir nos ha sido dada a nosotros, y nos sentimos privilegiados de poder ser instrumentos por medio de los cuales el amor de Cristo es mostrado en esta generación.

Oportunidades para Servir
Misiones de corta duración.

Venga y sea parte de una misión evangelística que cambiará la vida de muchos... y la suya.

El festival no es el trabajo de un hombre. De hecho, el mensaje de proclamación a las 7:00PM toma solo diez o quince minutos. Sin embargo, cientos de personas vienen a Cristo durante todo el día dentro del festival, y esto sucede en cada plataforma y carpa que opera durante todo el día.

Ya sea en presentaciones culturales como en talleres para mujeres, jóvenes, etc... su participación puede impactar las vidas de muchos.

Toma un equipo de muchos para poder completar una tarea tan gigante.

Tu podrías ser un miembro del equipo de Festival en el próximo proyecto y juntos transformar ciudades.

Oportunidades:
- Drama, Artes, Mimos, Presentaciones Culturales.
- Guiar un Equipo de Evangelismo en la ciudad.
- Ser un consejero para nuevos creyentes.
- Ministerios de Niños. Payasos, Títeres, Presentaciones Musicales.
- Enseñe un taller para Madres Solteras, Padres, Personas con Adicciones, etc...
- Predique o ayude en la plataforma Juvenil.
- Músicos – Participe en Intercambios Musicales con Talentos Internacionales.
- Voluntarios – Ujieres, Equipo de Seguridad, Ayuda y Asistencia en Estadio.
- Equipo Médico – Médicos y Dentistas a trabajar en la Misión Humanitaria simultanea al Festival.

Ordene el libro (manual) **Juntos en la Jornada** para toda la información en cuanto a cómo ser parte en:
www.japerez.org/juntos
o en: www.amazon.com
(Incluye, Aplicación, información sobre viajes, y áreas específicas en las que puede servir a Dios con nosotros).

Otros libros del autor

Obras y trabajo literario de JA Pérez.
La página impresa ha sido y continúa siendo un renglón importante en la labor de este ministerio.

JA ha escrito libros en las categorías de vida cristiana; teología; escatología; evangelismo y misiones; formación de líderes y ministros; y también historietas y ficción para mentes jóvenes y aficionados a la aventura sana.

A continuación presentamos algúnos de estos libros.

Libros clásicos en temas para la familia, doctrina y vida cristiana.

La Ciencia del Pobre

¿Cómo te ve Dios aun cuando estás en duras situaciones económicas? ¿Tendrá Dios un buen plan para tu vida aun cuando has estado por un largo tiempo en el olvido? Estas y otras interrogativas son tratadas con una clara perspectiva bíblica en este libro. Tomando sabiduría de la mano de Salomón este libro persigue ayudar al lector a entender que independientemente de las circunstancias presentes en su vida, Dios tiene un propósito para la misma.

Las Reglas que Regulan la Abundancia: 10 reglas elementales que le ayudarán a prosperar de la manera que Dios quiere

Echando una nueva luz sobre conceptos bíblicos y prácticos en la arena de la economía. Éste libro trata con 10 reglas elementales que le ayudarán a prosperar de la manera que Dios quiere, a la medida que también prospera su alma (3 Juan 1:2). Este libro traza medidas sanas que alinean nuestras finanzas al pensamiento de Dios expresado por hombres sabios en forma de proverbios y consejos para la mente común.

Lecciones de un Viejo Profeta Mentiroso

Aproximadamente novecientos años antes de la muerte de Cristo, vivió en la tierra de Israel un viejo profeta. Este fue usado por Dios grandemente para enseñarnos algunas verdades, aunque él era mentiroso. Este libro exalta la soberanía de Dios y nos da unas lecciones practicas que han de mejorar nuestra vida y servicio a él.

Saber Llegar: No se trata de llegar primero

La carrera de la vida es una larga carrera. Requiere mantenimiento, constantes reajustes, y paciencia... Es de eso que trata este libro. "Cómo aprender a correr con paciencia". El autor echa mano de anécdotas, fábulas y experiencias de su vida personal, para llevarnos por medio de esta jornada a un lugar de entendimiento en cuanto a la vida que tenemos por delante y como vivirla, de manera que al final podamos decir como Pablo, "he peleado la buena batalla, he acabado la carrera, he guardado la fe".

El Fin de Toda Jactancia: Exaltando la completa obra de Jesucristo

La Salvación es un regalo de Dios. Es gratuito. No tenemos que hacer nada para ganarlo, una vez dado ese regalo, es seguro y es eterno. Nuestras obras no nos pueden acercar a ese don, aunque fueran buenas obras, no son lo suficiente buenas como para pagar la demanda del pecado. Sin embargo, se ha edificado un entero sistema religioso alrededor de la idea de que el hombre es capaz de salvarse y mantenerse salvo por sus propios méritos.

Las Suegras: 7 principios para mejorar las relaciones entre nueras y suegras

Este libro es destinado específicamente a tratar con la relación entre las nueras y las suegras. Esta relación, de no ser correctamente atendida, puede producir muchos daños y causar heridas profundas al punto de separar familias enteras. El autor, nos entrega aquí siete sencillos principios que le ayudarán a mejorar su relación, y si esta relación ya es buena.

Los Profetas de Gúlumm: Las Ciudades debajo de la Tierra

Debajo de la tierra de Igglart existen profetas enanos que son sabios. La profecía dice que un día el príncipe regresará y restaurará la alianza entre los hombres y los habitantes de las ciudades que están debajo de la tierra. El libro presenta detalles sobre ciudades y culturas, guerras y razas de gigantes, todo salido de la imaginación del autor. El libro está lleno de conflictos y soluciones con profundos mensajes y moralejas.

Poetas, Profetas y Otros con Imaginación

"En la arena de la Ideas, las reglas convencionales no aplican. Algunas ideas pueden ser interpretadas como locura, pues la mente creativa es tentada a salirse del territorio de la sensatez". (frase del autor) El autor nos introduce en este libro a un mundo ignorado por la mayor parte de nosotros. Explora todas las cosas creativas que saltan de nuestra imaginación y nos trae consejos prácticos que pondrán estilo y fluidez a nuestras inspiraciones.

100 Dias de Comunion, Sabiduria y Gracia

Este no es un libro con una historia que tiene principio y fin. Es un manual, un libro de referencia para la vida diaria. Los consejos y principios en este libro son para ser visitados continuamente, para meditar en ellos y refrescar nuestro espíritu continuamente. J.A.Pérez nos entrega reflexiones y consejos prácticos sacados de su diario caminar y devoción. Para crecer en comunión con Dios, en sabiduría y conocimiento de verdades del Evangelio de Gracia, que nos ayudan a vivir seguros, gozosos y libres de culpa.

Escatología y Profecía Bíblica

40 Profecías Cumplidas

La historia nos enseña que nuestro Padre Celestial, primero diseña su plan en su mente, luego lo anuncia (por medio de sus mensajeros) y luego lo ejecuta. Así la venida del Mesías fue extensamente anunciada. No solamente las apariciones angelicales a María y José. Durante siglos, Dios estuvo anunciando la venida de Jesús con gran exactitud y abundancia de detalles. En este libro J.A.Pérez nos lleva a 40 profecías especificas cumplidas en la primera venida de Jesús.

El Fin: Estado Profético de las Naciones

Un análisis de revisión del panorama mundial, observando cuidadosamente tendencias y cambios en la posición política y económica de ciertas naciones en relación con Israel.

En estas páginas usted navegará una jornada que aclarará conceptos proféticos en temas como: La segunda venida de Cristo (filtrada por el lente paulino); Latinoamérica y su posición como super-poder económico mundial; Israel y la transferencia de poderes de las naciones; y nuestra futura ciudad, entre otros temas.

Libros inspiracionales para líderes, empresarios y material para seminarios y conferencias.

Evangelismo Efectivo: Manual Interactivo Escuela de Evangelismo

¡Qué tremendo privilegio, que Dios nos tome en cuenta en su trabajo de evangelismo! ¿Pudiera Dios hacer el trabajo Él solo? Por supuesto. Para Dios no hay nada imposible. Sin embargo, Él ha decidido incluirnos en la misión de reconciliar consigo al mundo. (2 Corintios 5:18,19) Este Manual Interactivo es parte del alcance "Cosecha Latinoamérica", es usado en la Escuela de Evangelismo de JA.Pérez Association y está diseñado para apoyar cada uno de los cuatro talleres de la escuela.

Ideas: J.A.Pérez en Conferencia para empresarios, líderes y aquellos que piensan...

"En la arena de la Ideas, las reglas convencionales no aplican. Algunas ideas pueden ser interpretadas como locura, pues la mente creativa es tentada a salirse del territorio de la sensatez". (frase del autor) Este es el Manual de la Conferencia Ideas. Versión Participantes. Esta es la versión que necesitan todos los que participarán en la conferencia. Este acompañado del libro "Poetas, Profetas y Otros con Imaginación" forman parte del material de conferencia pero deben ordenarse separados.

Ideas Maestro

Ideas Maestro es para el expositor de la conferencia. Este trabaja paralelamente a Ideas (Versión Participante) y al libro "Poetas, Profetas y Otros con Imaginación por J.A.Pérez". Los Maestros deben solicitar permiso de la Asociación JA Pérez para llevar a cabo una Conferencia Ideas.

Juntos por el Continente

Latinoamérica junto a los otros países de otras lenguas que forman el continente americano, están posicionados para la cosecha más grande en la historia del evangelio. Nada lo sobre pasa. Ningún otro continente ha visto cosa igual. Ya se comienza a ver. Pero esto no es el trabajo de un hombre. Toma un equipo de muchos para poder completar una tarea tan gigante. Juntos podemos alcanzar más!

Juntos por el Continente Versión: Pastores

Este libro habla de los beneficios que un festival trae a la Iglesia local y presentamos áreas en las que JUNTOS podemos trabajar a favor de la cosecha. Cómo movilizar el equipo de oración, voluntarios y cómo preparar el festival.

Juntos: En la Jornada

Toma un equipo para levantar una cosecha... En un evento colaborativo, compartimos la labor usando los dones y potencial específicos de cada ministerio para alcanzar una ciudad. Predicadores, Maestros, Consejeros, Ministros de Alabanza, Poetas, Mimos, Ministerios de Niños.... todos trabajando simultáneamente en diferentes áreas de una ciudad y luego juntándonos en el festival. En equipo podemos traer ciudades a Dios.

Juntos: En la Cosecha

Toma un equipo para levantar una cosecha... y ese equipo lo forman los que van a la labor en esas misiones y los que quedan detrás, apoyando en oración y financiando cada operación. "Porque conforme a la parte del que desciende a la batalla, así ha de ser la parte del que queda con el bagaje; les tocará parte igual. 1 Samuel 30:24"

Juntos: Concejo Internacional
Diseñando ideas que avanzan la cosecha global...
El Consejo Internacional de la Asociación JA Pérez está formado por un grupo de amigos, empresarios, intelectuales, y líderes del ámbito político y social que aman y están comprometidos con la labor de evangelismo global. Estos se sientan a la mesa para diseñar Ideas y Proyectos que facilitan y aligeran el proceso de alcanzar a las naciones.

Together: International Council
"Designing Ideas to advance the global harvest..."
The International Council of the JA Pérez Association is formed by a group of friends, business people, intellectuals, and leaders from a political and social realm that love and are committed to the work of global evangelism. They seat at the table to design ideas and projects that facilitate and lighten the process of reaching the nations.

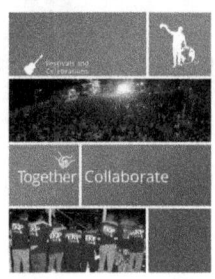

Together: Collaborate: Short-term missions
"Come and be a part of a mission evangelistic project that will change the life of many nationals... and yours." Together we can reach more! For those planning to be part of a JA Pérez Association Collaborative Event, this book/manual contains all the information necessary including travel and application. Are you an Evangelist, Artist, Pastor or just a person who loves Missions? When we collaborate, we multiply our efforts and expand our reach even more. In a collaborative event, ministries share the work using each their specific gift to reach a city.

Nuestros libros pueden ser obtenidos en librerías y distribuidoras mundialmente.
Para una lista de librerías, puede ir a:
www.japerez.org/libros o a www.47books.com

Participe con nosotros en la cosecha...

JUNTOS: EN LA COSECHA

¿Qué es un Cosechador?

Un Cosechador es una persona que se asocia con nosotros en la labor de ganar almas.

Su oración y contribución mensual ayuda a sufragar los gastos mensuales de operaciones y eventos en los continuos alcances del ministerio.
Los gastos de un evento gigante son muchos. Desde los recursos que toma promover el evento con imprenta, personal visitando líderes, transporte, arrendamiento de equipos (como plataforma, luces, sonido), arrendamiento de Estadios, Plazas de Toros, Arenas, etc... más lo que cuesta traer una misión humanitaria a una ciudad o zona.

Como *Cosechador Asociado*, usted recibirá continuos Reportes y Noticias sobre lo que Dios está haciendo por medio del ministerio en las naciones, además de la publicación electrónica mensual y acceso a nuestra área privada para Cosechadores donde podemos orar por sus necesidades específicas, y comunicarle información sobre proyectos en desarrollo y necesidades de oración.

Nombres (Names) _____ **Apellido** (Last Name) _____

Domicilio (Address) _____ **Unidad** (Suite) _____

Ciudad (City) _____ **Estado** (State) _____ **Código Postal** (Zip Code) _____

Teléfono (Phone) _____ **Correo Electrónico** (Email) _____

JUNTOS en la cosecha

Porque nosotros somos colaboradores de Dios, y vosotros sois labranza de Dios, edificio de Dios.
1 Cor 3:9

☐ **Me comprometo a orar y apoyar la labor misionera con $** _____ **cada mes.**
(I pledge to pray and donate)   (for the missions work every month)

☐ **Incluyo aquí la cantidad de $** _____ **para el próximo proyecto.**
(I'm including here)   (for the next project)

Prefiero usar mi Tarjeta de Crédito para esta Donación.
(I prefer to use my credit card for this donation)

Nombre en la Tarjeta _____   ☐ Visa ☐ Master Card ☐ American Express
(Cardholder's Name)

| | | - | | | | - | | | | - | | | | **Expiración** | | - | | |
                                                           Expiration Date

Firma _____ **Fecha** _____
(Cardholder's Signature)   (Date)

Me gustaría recibir mis Reportes Misioneros en: ☐ **Español**   ☐ **English**
(I would like to receive my Mission Reports in)

JA PÉREZ ASSOCIATION   P.O. Box 211325
                        Chula Vista, CA 91921

Permítanos orar con usted

Díganos su necesidad y nuestro equipo de Compañeros de Oración estará orando con usted diariamente.

Nombre Completo · Edad

Domicilio

Ciudad · Estado · Código Postal

Teléfono · Email

Escriba sus necesidades de oración para orar con usted.

Enviar por correo a:
JA Pérez Association
P.O. Box 211325 Chula Vista, CA 91921 USA

www.ingramcontent.com/pod-product-compliance
Lightning Source LLC
Chambersburg PA
CBHW080553170426
43195CB00016B/2778